Fotos: Ivan Moreno

Plataforma Logística PLA-ZA
Calle Osca, 4. 50197 Zaragoza
www.imaginarium.es

ISBN: 978-84-95824-19-6
Depósito legal: Z-2232-2001
Impreso en la C.E.

construye tu propia granja

Javier Solchaga

el perro

1

Cortamos un trozo de cartón de un rollo de papel de cocina para hacer el cuerpo.

2

Pedimos a un adulto que nos corte una rodaja de un tapón de corcho que pondremos de collar.

3

Cuatro trocitos de palo serán las patas, otro palo la cabeza y otro la cola.
Pegamos todas las piezas.

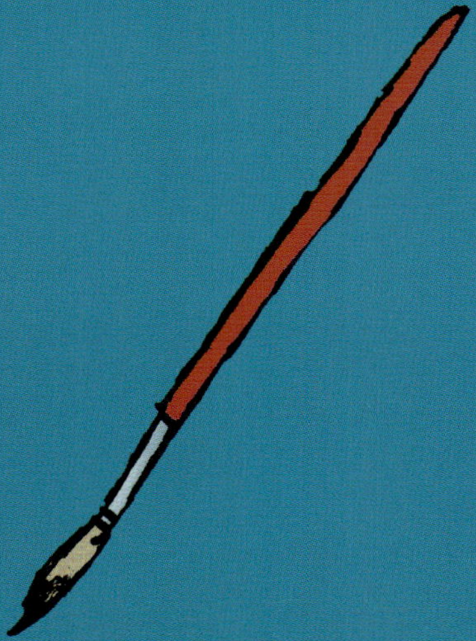

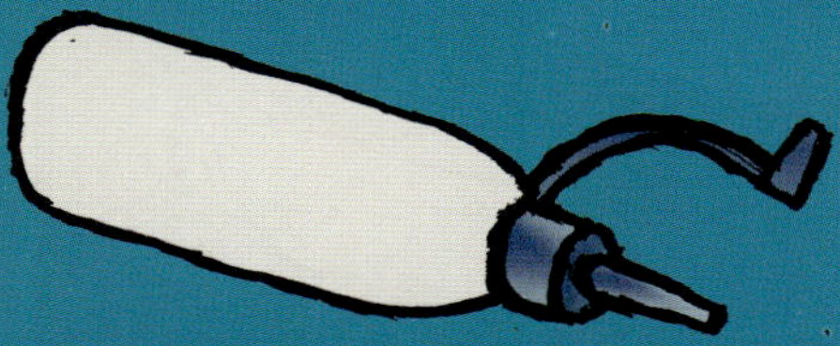

4

Ya sólo nos falta pintarlo.

la abeja

1

Buscamos un palo para la miel. Le pegamos un hueso de cereza como nariz.

2

Lo pintamos de negro y amarillo.

3

Dibujamos y recortamos las alas en un plástico un poco rígido.

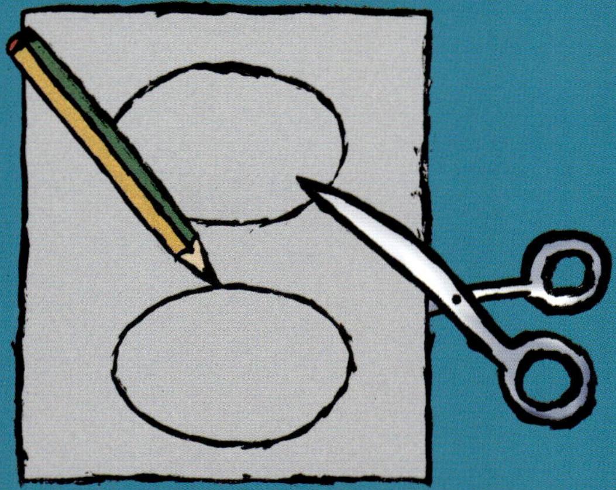

4

Pedimos ayuda a un adulto para clavar con cuidado un tornillo que sujete las alas.

la oca

1

En un cartón dibujamos dos rectángulos, dos rombos y un triángulo y lo recortamos todo.

2

Sobre cada rombo, pegamos uno de los rectángulos. Ya tenemos las patas. El triángulo será el pico.

3

Pegamos las patas y el pico a una espátula de cocina. ¡Ah! Y no debemos olvidarnos de pintar sus ojos, plumas...

la oveja

1

Dibujamos la cara, la cola y las orejas de la oveja en un cartón y las recortamos.

2

Pedimos a un adulto que nos corte medio tapón de corcho en cuatro partes. Serán las patas.

3

Pegamos las orejas a ambos lados de la cara y ésta a una esponja. Pegamos también las patas y la cola.

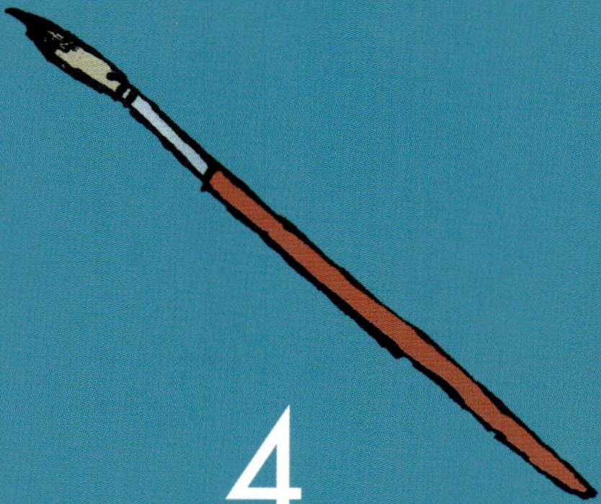

4

Pintamos los ojos, el hocico y la boca.

la vaca

1

Dibujamos las orejas de la vaca en un cartón, las recortamos y doblamos por la línea de puntos.

2

Cortamos un trozo de cartón de un rollo de papel de cocina.

3

Metemos y pegamos por uno de los extremos un tapón de champán, clavamos dos escarpias y pegamos las orejas.
Ya tenemos la cabeza.

4

Dibujamos las patas de la vaca en un cartón y las recortamos.

5

Pedimos a un adulto que nos corte una rodaja de un tapón de corcho que serán las ubres.
Un trozo de cuerda será la cola.

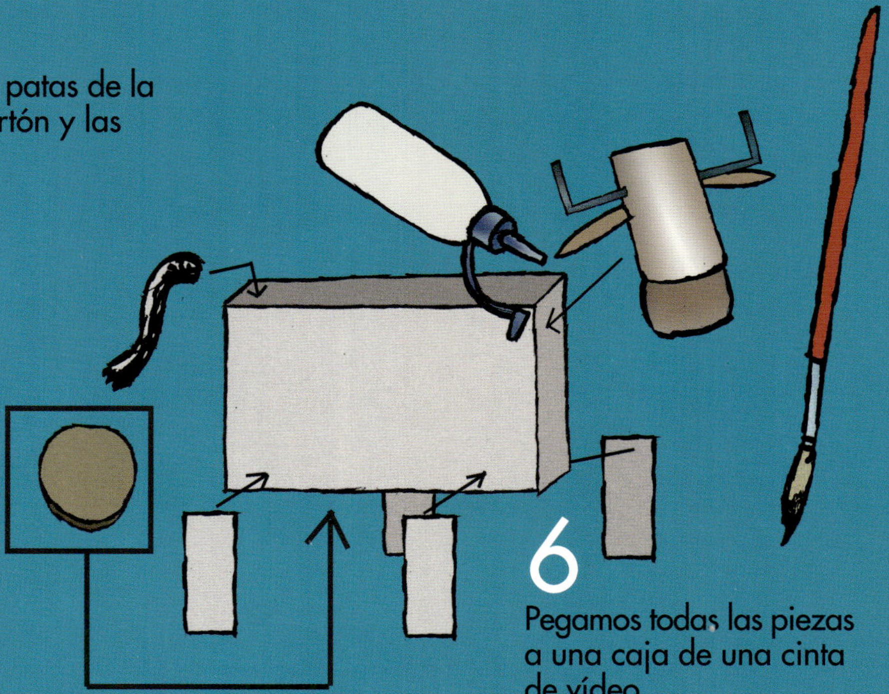

6

Pegamos todas las piezas a una caja de una cinta de vídeo.
Ya podemos pintarla.

el caballo

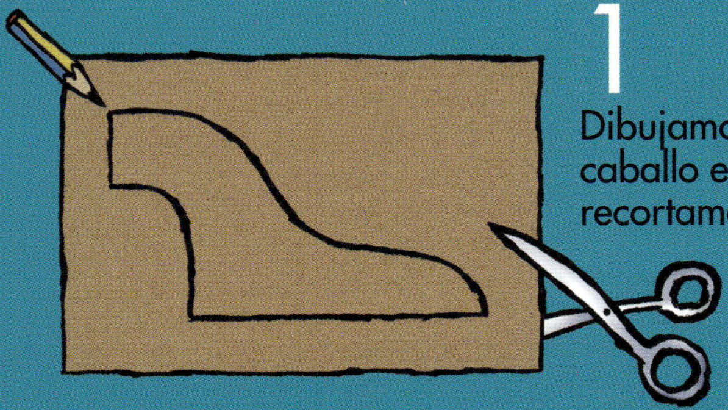

1

Dibujamos el cuerpo del caballo en un cartón y lo recortamos.

2

Desmontamos dos pinzas y pegamos como patas cada una de las maderas en el cuerpo. Pegamos otra pinza a modo de cabeza.

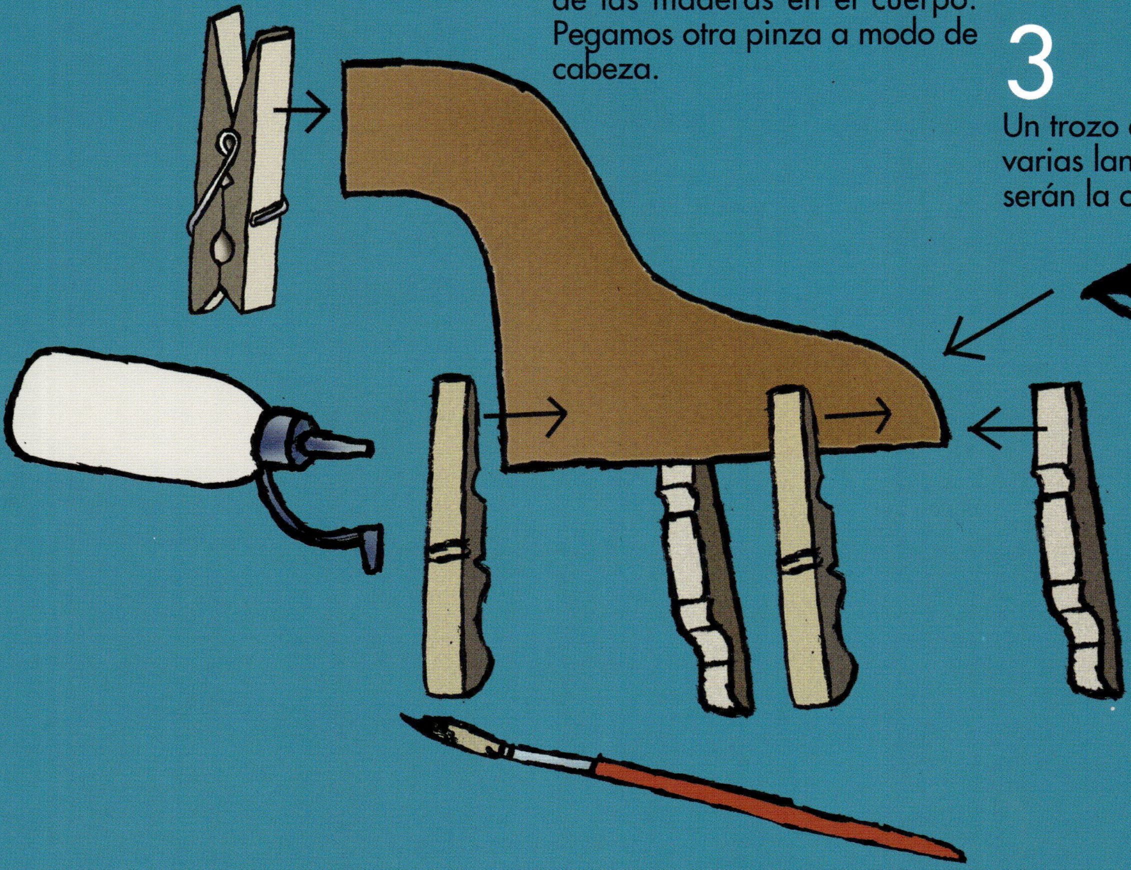

3

Un trozo de cordón o varias lanas anudadas serán la cola.

4

Pintamos las crines y las pezuñas.

la ratita

1

En la cabeza de un corcho de champán ponemos un tornillo.

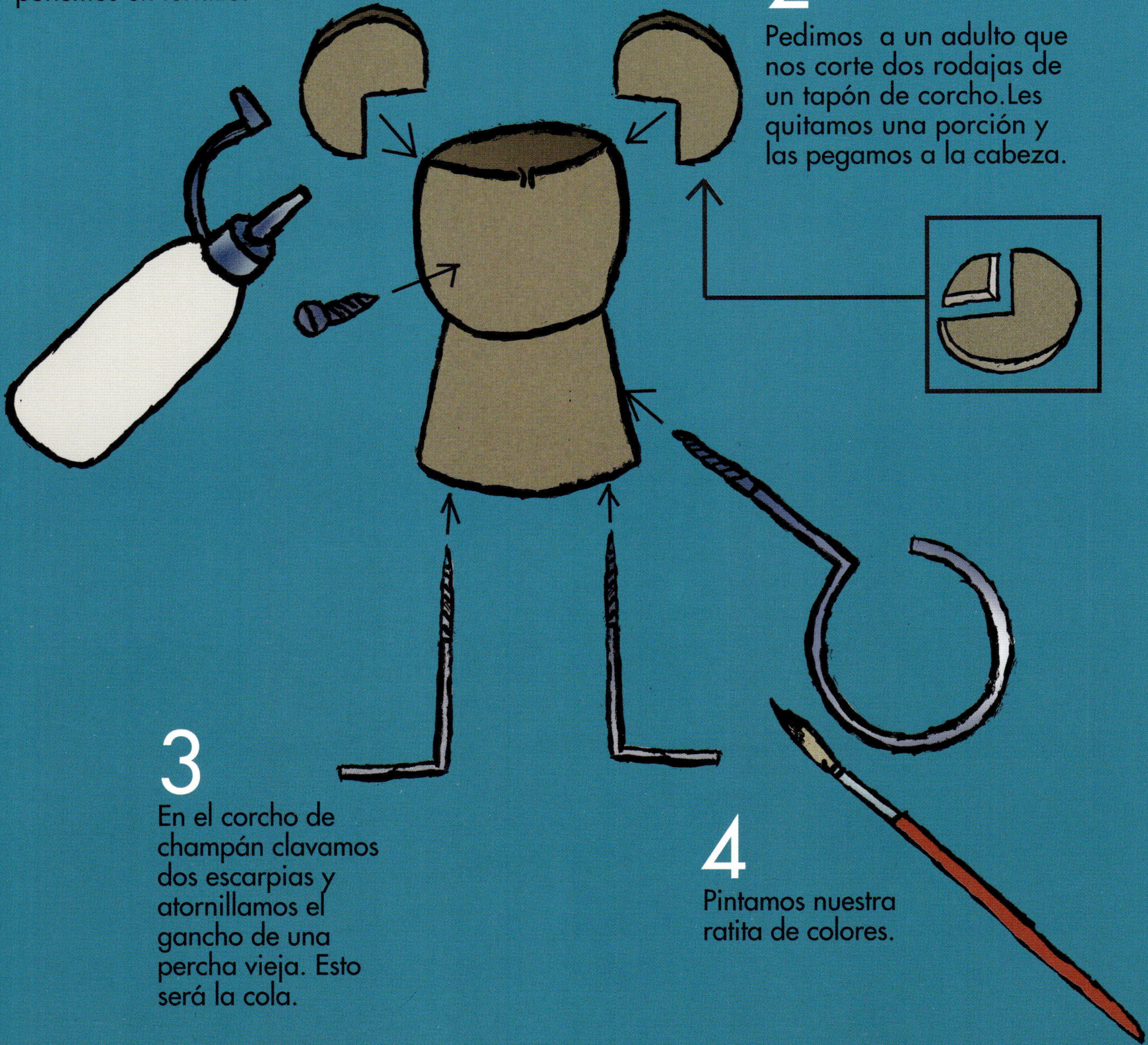

2

Pedimos a un adulto que nos corte dos rodajas de un tapón de corcho. Les quitamos una porción y las pegamos a la cabeza.

3

En el corcho de champán clavamos dos escarpias y atornillamos el gancho de una percha vieja. Esto será la cola.

4

Pintamos nuestra ratita de colores.

la gallina

1

Dibujamos una gallina en un cartón y la recortamos.

2

Pegamos dos palillos a la gallina

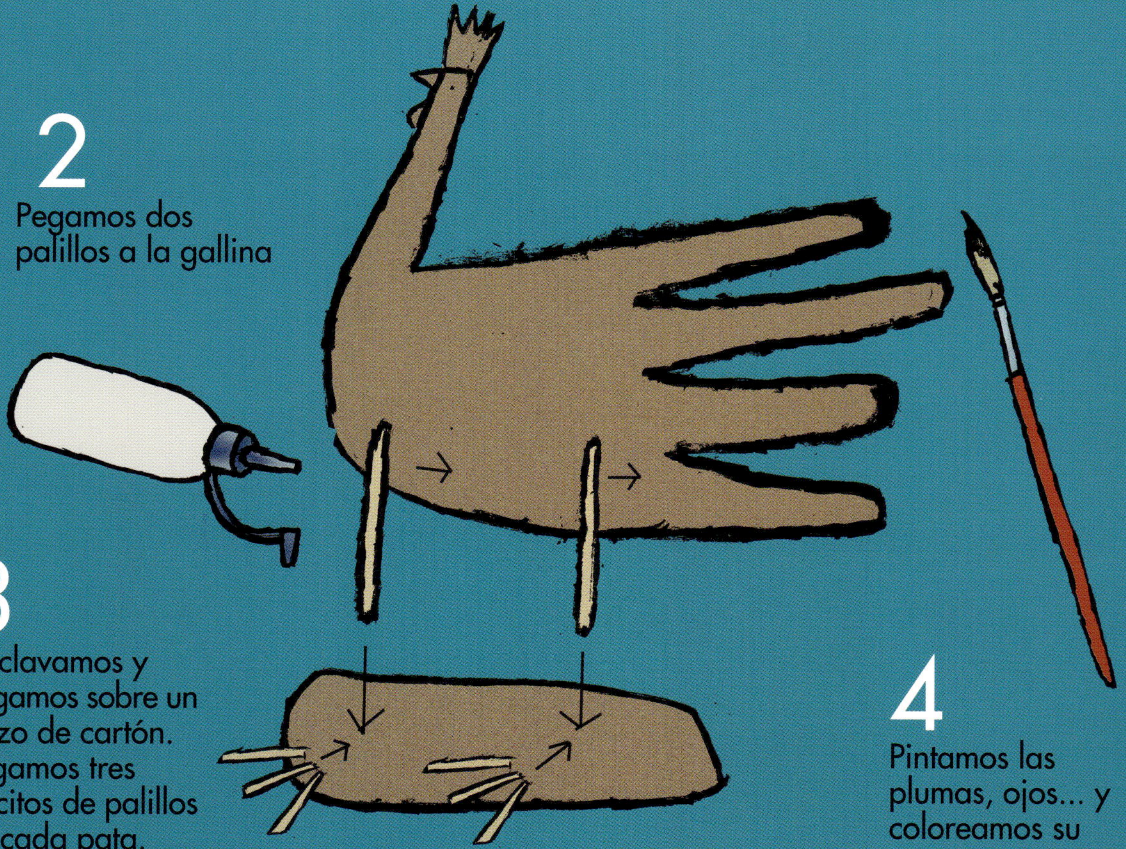

3

La clavamos y pegamos sobre un trozo de cartón. Pegamos tres trocitos de palillos en cada pata.

4

Pintamos las plumas, ojos... y coloreamos su cresta y su pico

el gallo

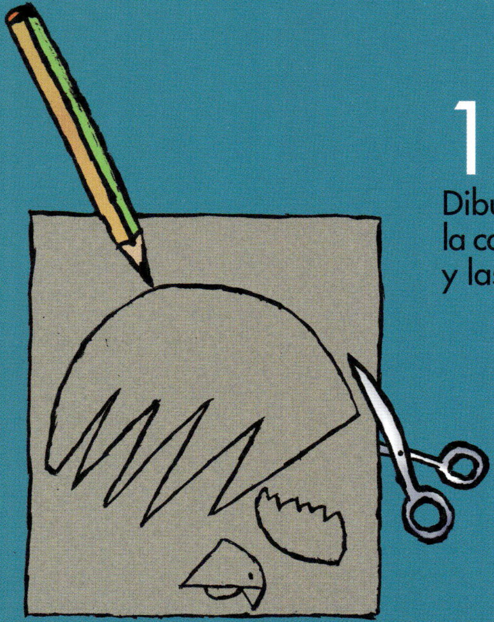

1

Dibujamos sobre un cartón la cabeza, la cresta y la cola y las recortamos.

2

Las pegamos a una piña.

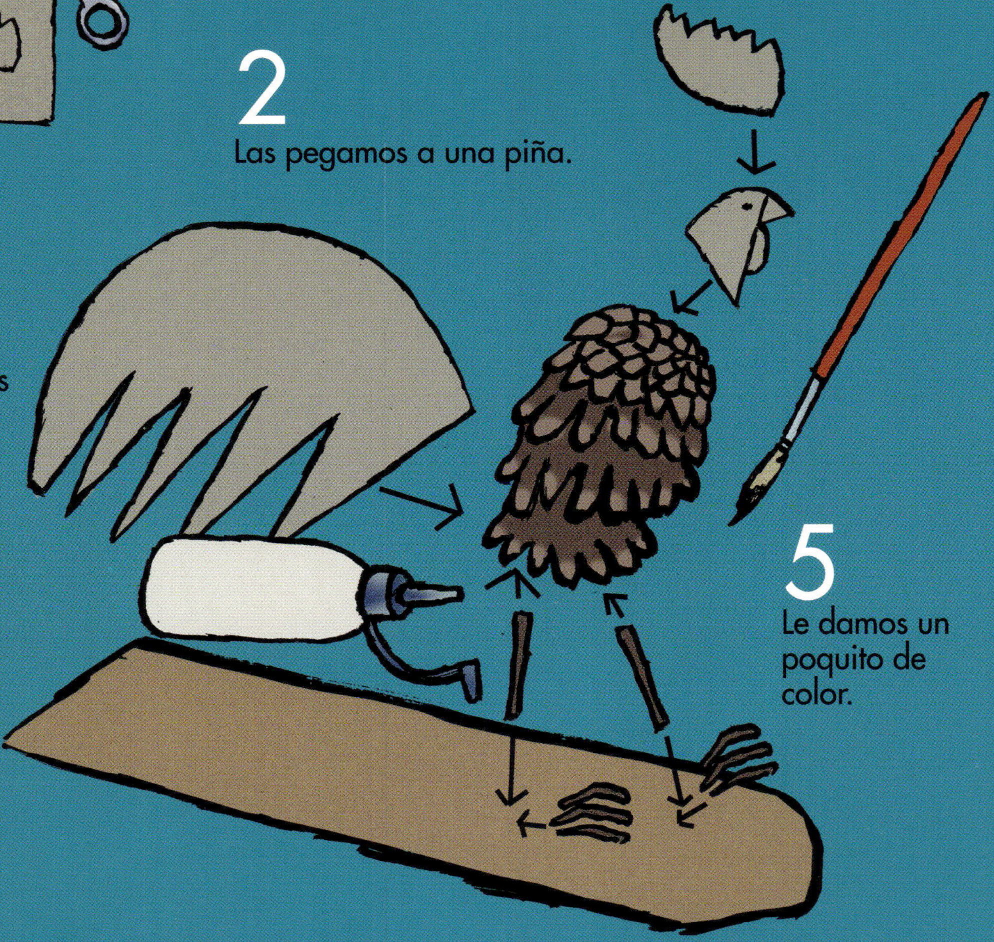

3

Añadimos unos palos a modo de patas.

4

Pegamos el gallo a un cartón. Buscamos ramitas para hacer los dedos y las pegamos sobre el cartón.

5

Le damos un poquito de color.

el gato

1
En una cartulina dibujamos las orejas, las patas y la cola y las recortamos.

2
Pegamos la cola, las orejas y las patas a una caja.

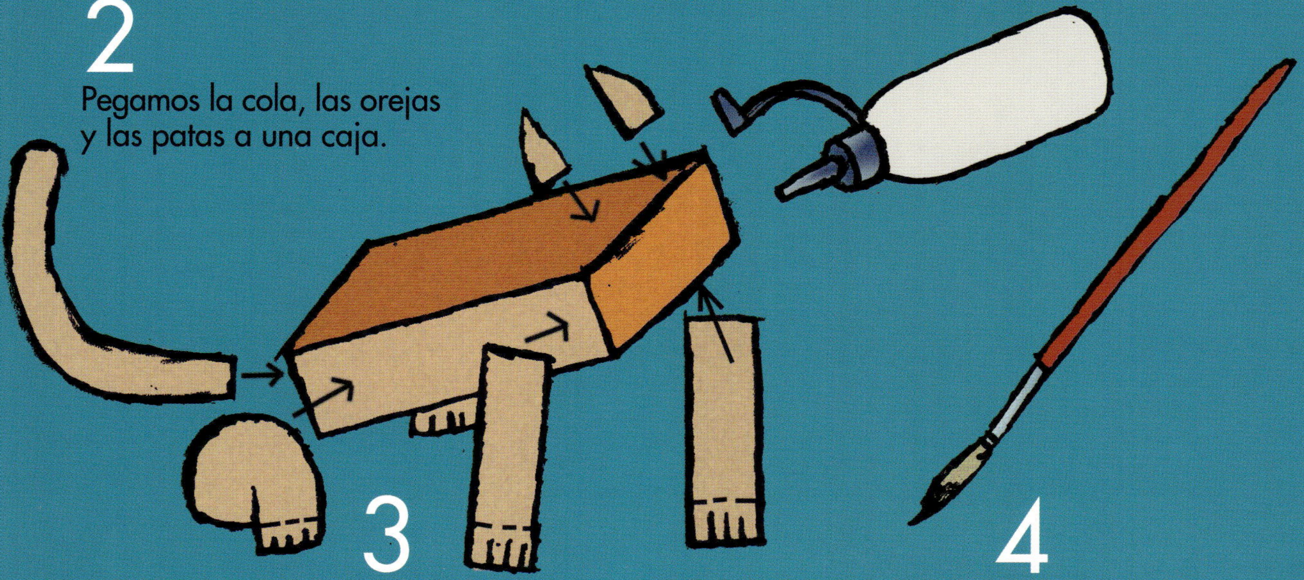

3
Doblamos los extremos de las cuatro patas para hacer las garras.

4
Pintamos nuestro gato, sin olvidarnos de los bigotes.

el conejo

1

Dibujamos en un cartón las orejas, las patas, la cola y las recortamos.

2

Pegamos las piezas recortadas a un cartón de papel higiénico al que previamente habremos quitado una rodaja.

3

Ya podemos pintarlo.

los árboles

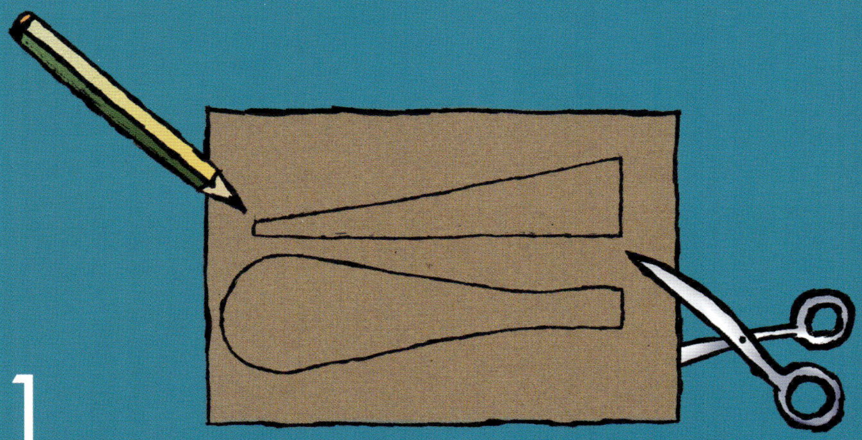

1

Dibujamos en un trozo de cartón un árbol y un triángulo y los recortamos.

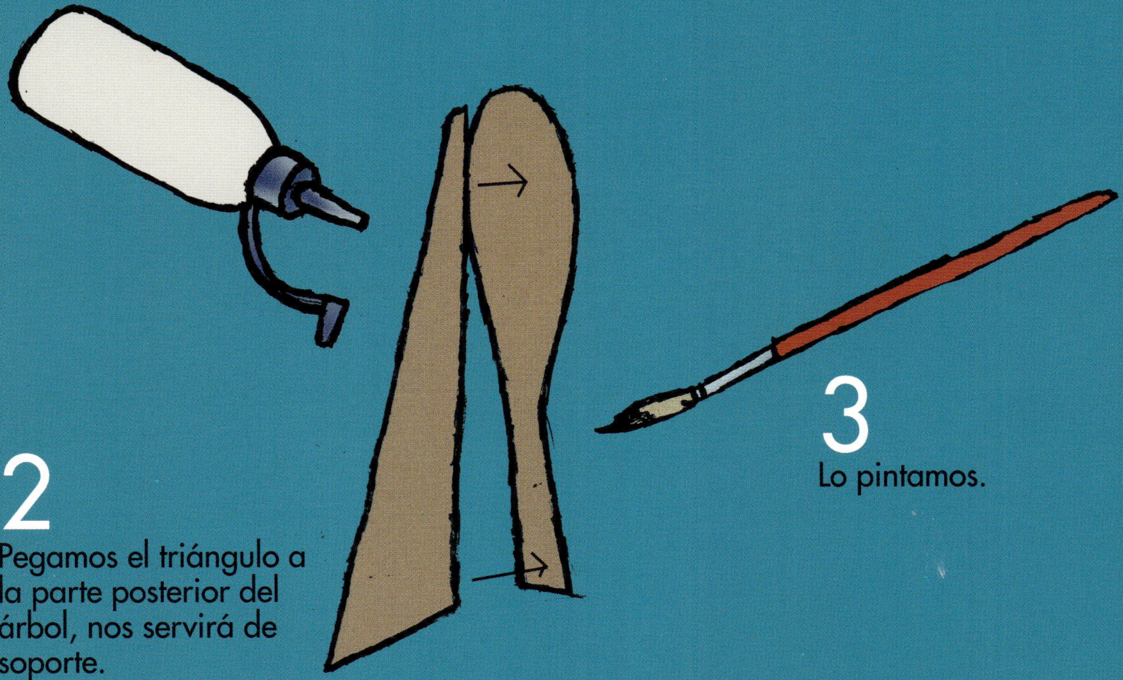

2

Pegamos el triángulo a la parte posterior del árbol, nos servirá de soporte.

3

Lo pintamos.

la granja

1

Buscamos una caja, donde dibujamos y recortamos la forma de la granja.

2

Dibujamos el tejado en un trozo de cartón, lo recortamos y lo doblamos por la mitad.

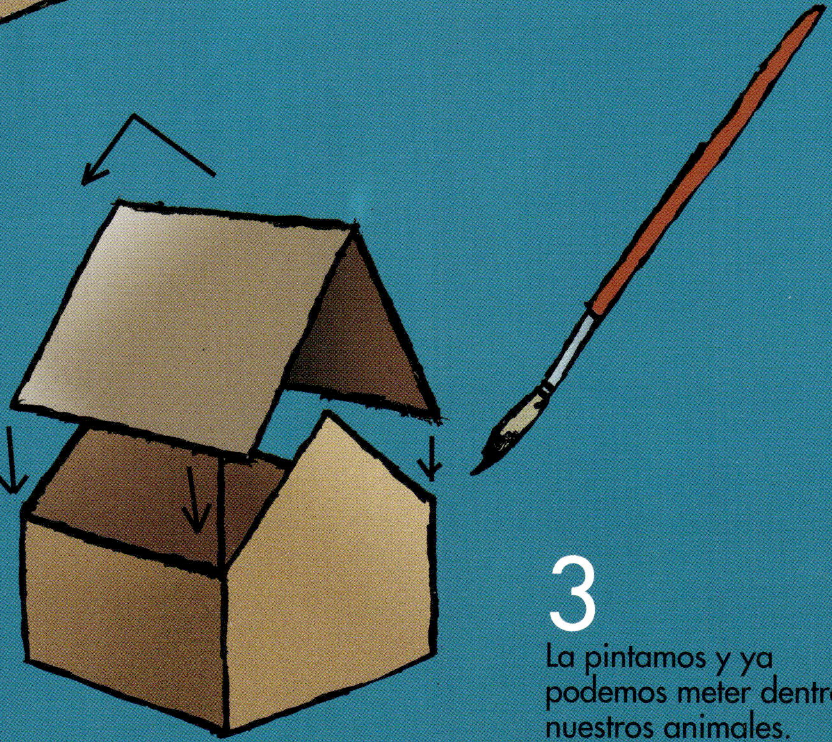

3

La pintamos y ya podemos meter dentro nuestros animales.

el perro

la abeja

la oca

la oveja

el caba

la vaca

el conejo

el gallo

la ratita

los árboles

la gallina

el gato

la granja